Die Gruppe

1. Jeder von uns gehört verschiedenen Gruppen an.
   Nenne Beispiele!

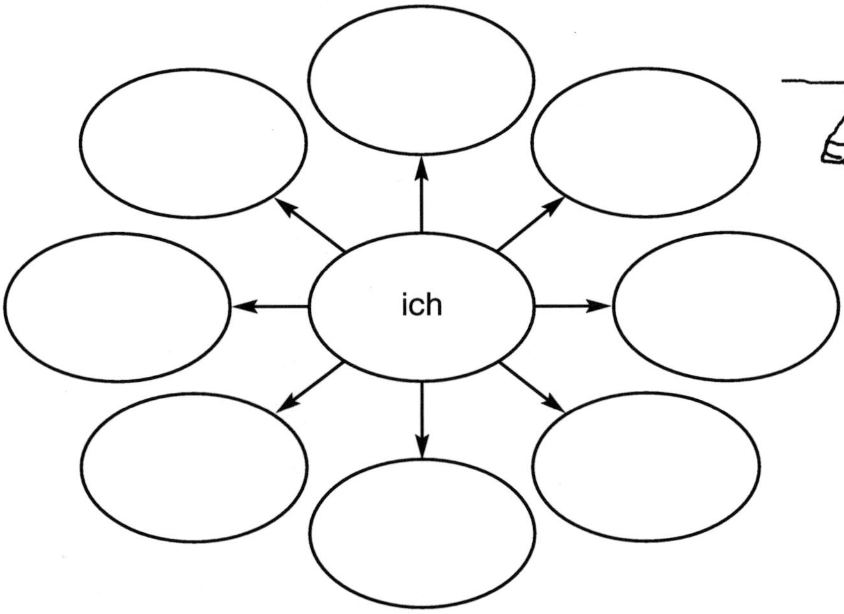

2. Was wird mir in einer Gruppe vermittelt?

3. Welchen Beitrag kann ich als Gruppenmitglied leisten?

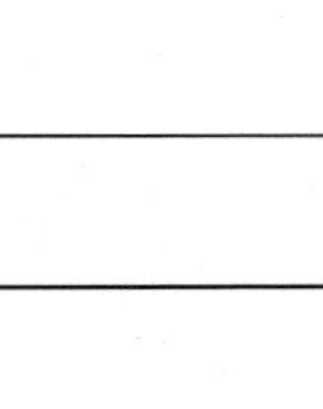

Bd. 382. Christine Schreiber: Hauswirtschaft – Sozialbereich, 7.–9. Schuljahr

Arbeiten im Team

1. Jeder von uns lebt in verschiedenen Gemeinschaften.
   Nenne Beispiele!

2. Nenne Beispiele für Konfliktanlässe in deiner Kochgruppe.

3. Wie können solche Konflikte gelöst werden?

Bd. 382. Christine Schreiber: Hauswirtschaft – Sozialbereich, 7.–9. Schuljahr

Partnerschaftliche Arbeitsteilung

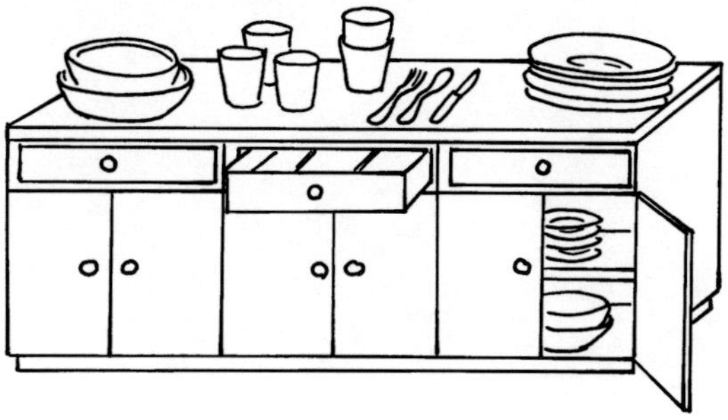

1. Welche Arbeiten fallen in der Schulküche an?

2. Damit die Arbeiten gerecht verteilt sind, benennen wir in der Schulküche verschiedene Ämter.

3. Woran kann es liegen, dass eine Kochgruppe 10 Minuten eher fertig ist als die andere?

Mitschüler anderer Länder

1. Erkundige dich, welche Nationalitäten in deiner Schule vertreten sind.

____

____

2. Sammle typische Gerichte des jeweiligen Landes.

3. Warum fühlen sich unsere ausländischen Mitschüler nicht immer wohl bei uns?

____

____

____

____

____

____

Bd. 382. Christine Schreiber: Hauswirtschaft – Sozialbereich, 7.–9. Schuljahr

Anderen eine Freude bereiten

1. Überlege dir, wem du womit eine Freude bereiten könntest.
   Nenne jeweils Beispiele.

Eltern: ______________________________

____

Verwandte: ______________________________

____

Freunde: ______________________________

____

Mitschüler: ______________________________

____

Lehrer: ______________________________

____

Nachbarn: ______________________________

____

ältere Menschen: ______________________________

____

Kinder: ______________________________

____

2. Worüber würdest du dich freuen?

____

____

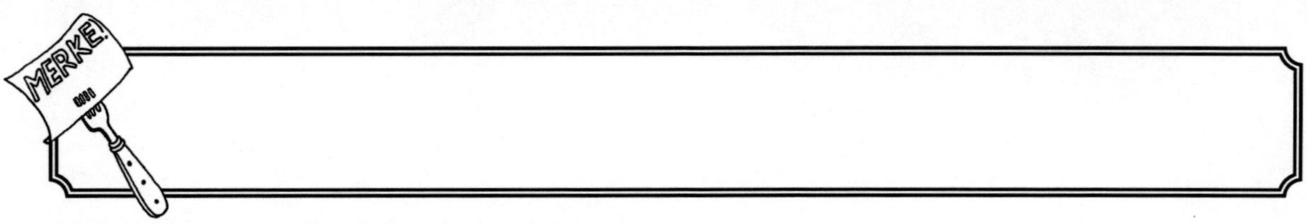

Betreuen von Menschen

1. Welche kirchlichen und nichtkirchlichen Hilfsorganisationen bzw. Wohlfahrtsverbände kennst du?

2. Welche Dienste werden von diesen Organisationen angeboten?

3. Welche Möglichkeiten zur Betreuung von Mitmenschen hast du?

Besuch im Kindergarten

Erkundungsbogen – Gruppenarbeit

Gruppe 1: ______________________________

Name des Kindergartens: ______________________________

Tag/Datum: ______________________________

Gruppenanzahl Gruppengröße Betreuungszeiten	
räumliche Ausstattung	
Wie wird mit den Eltern zusammengearbeitet?	
Welche Erziehungsinhalte spielen im Kindergarten eine Rolle?	
Unsere persönlichen Eindrücke vom Besuch:	

Besuch im Seniorenheim

Erkundungsbogen – Gruppenarbeit

Gruppe 2: ______________________________

Name des Seniorenheimes: ______________________________

Tag/Datum: ______________________________

Wie viele Personen werden im Heim betreut? (rüstig, pflegebedürftig)	
räumliche Ausstattung	
Wie verläuft der Tag eines Heimbewohners?	
Werden Veranstaltungen, Aktivitäten angeboten/durchgeführt?	
Unsere persönlichen Eindrücke vom Besuch:	

Fragen an einen Mitarbeiter
Erkundungsbogen – Gruppenarbeit

Gruppe ☐: ______________________________

Name des Betriebes: ______________________________

Tag/Datum: ______________________________

„Wie lange arbeiten Sie schon hier?“	
„Welche Ausbildung braucht man für diese Tätigkeit?“	
„Was macht Ihnen Freude und was gefällt Ihnen weniger an Ihrer Arbeit?“	
„Gibt es spezielle Ausbildungsangebote für interessierte Jugendliche?“	
„Wie sind die Arbeitszeiten und die Verdienstmöglichkeiten?“	

Bist du fit?

Setze aus folgenden Silben die richtigen Wörter zusammen und finde den Lösungssatz.

amt - an - ar - bab - bei - cken - den - der - der - dö - ein - en - fahrt - flikt - gar - grup - heim - höf - ita - ke - keit - kin - koch - kon - le - li - lich - mit - ner - ni - o - pe - ranz - re - ren - se - team - ten - ter - to - tro - wohl - work

_ _ _ 1 _ _ _ _
Streit
Spannung

_ _ _ _ _ _ 16 _ _ _
Gemeinschaft im
Hauswirtschaftsunterricht

_ 14 _ _ _ _ _ 15 _ _ _ _ _ _ _ _ _ _ _
Wohlfahrtsverband

_ 2 _ _ _ _ 3 _ _ _ _
Amt im Hauswirtschaftsunterricht

4 _ _ _ _ _ _ _ _ _ _ _ _ _ _ 5 _ _
wichtiger Schritt beim Lösen von Konflikten

_ _ _ _ _ 6 _
europäisches Land

10 _ _ _ _ _ 11 _ _ _
typisches türkisches Gericht

_ _ _ _ _ _ 12 _
Duldsamkeit
Verständnis

_ _ _ _ 7 _ _ _
gemeinsames
Ausführen einer Aufgabe (engl.)

_ 8 _ _ _ 9 _ _ _ _ _ _
Wohnstätte für ältere Menschen

_ _ 13 _ _ _ _ _ _ _ _
wichtige Tugend im Umgang mit anderen

_ _ 17 18 _ _ _ _ _ _ 19 _
besuchen Kinder ab 3 Jahren

Lösung: 1 2 3 4 5 6   7 8 9 10 11 12   13 14 15 16 17 18 19

Wir laden ein – wir feiern

1. Welche Anlässe bieten sich für eine Feier an?

Familienfeste: ______________________________

jahreszeitlich
bedingte Feste: ______________________________

besondere Anlässe: ______________________________

____

2. Welche Vorüberlegungen sind für eine Feier notwendig?

____

____

____

____

____

____

____

____

____

3. Du feierst deinen Geburtstag. Was könntest du deinen Gästen zum Essen anbieten?
(Wähle Gerichte aus dem Hauswirtschaftsunterricht!)

______________________________ ______________________________

______________________________ ______________________________

______________________________ ______________________________

Gestalten einer Tischkarte

Material:

Tonpapier (12 cm x 12 cm)
Buntstifte

Arbeitsschritte:

1. Tonpapier 2-mal auf die Hälfte falten und wieder aufklappen.

2. Zwei gegenüberliegende Seiten bis zur Mitte falten.

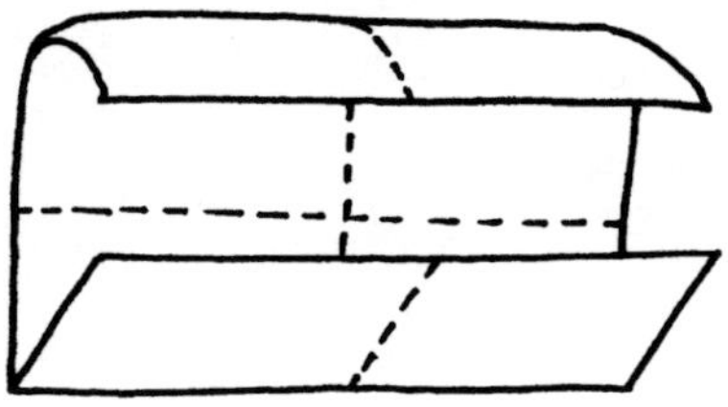

3. Umdrehen und die anderen beiden Seiten zur Mitte falten.

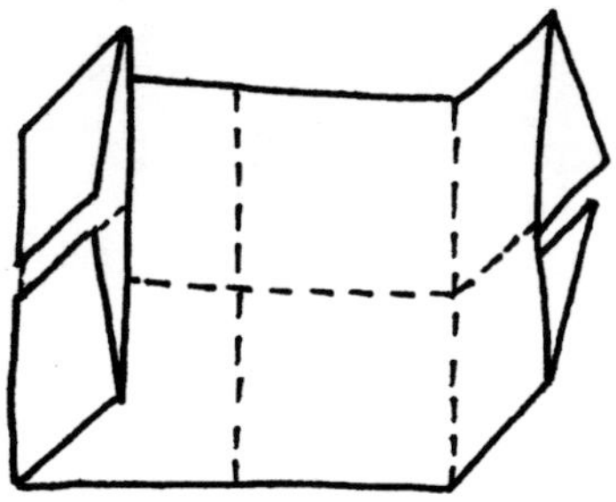

4. Oben zwei Dreiecke herausziehen.

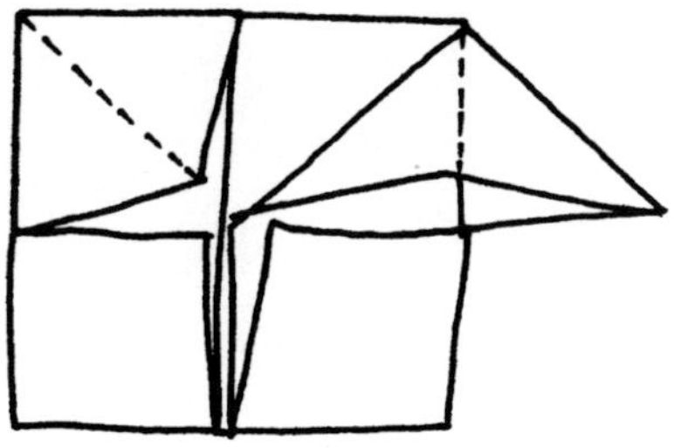

5. Umdrehen und individuell ausgestalten.

Wir dekorieren einen Tisch

1. Welche Regeln beachtest du beim Dekorieren?

2. Welche Tischdekorationen fallen dir zu folgenden Anlässen ein?

 Adventsfeier	
Faschingsparty 	
 Italienisches Essen	
Osterfrühstück 	

Bd. 382. Christine Schreiber: Hauswirtschaft – Sozialbereich, 7.–9. Schuljahr

Servietten-Falttechniken

Deckt für das heutige Gericht den Tisch gemeinsam in der Gruppe.
Verwendet dafür auch Servietten. Wählt eine Falttechnik aus, die euch gefällt.

Fächer

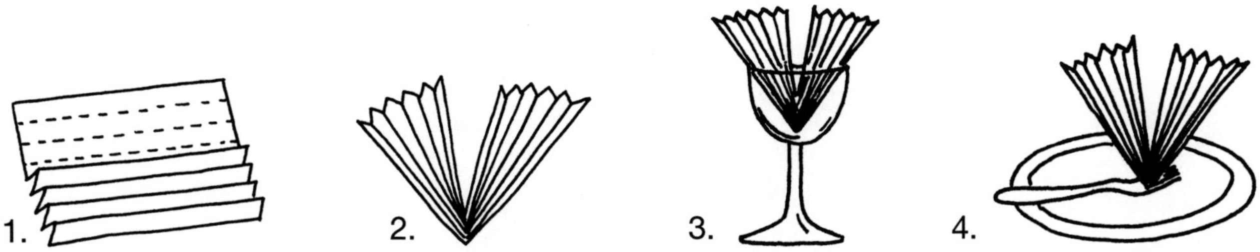

Tasche

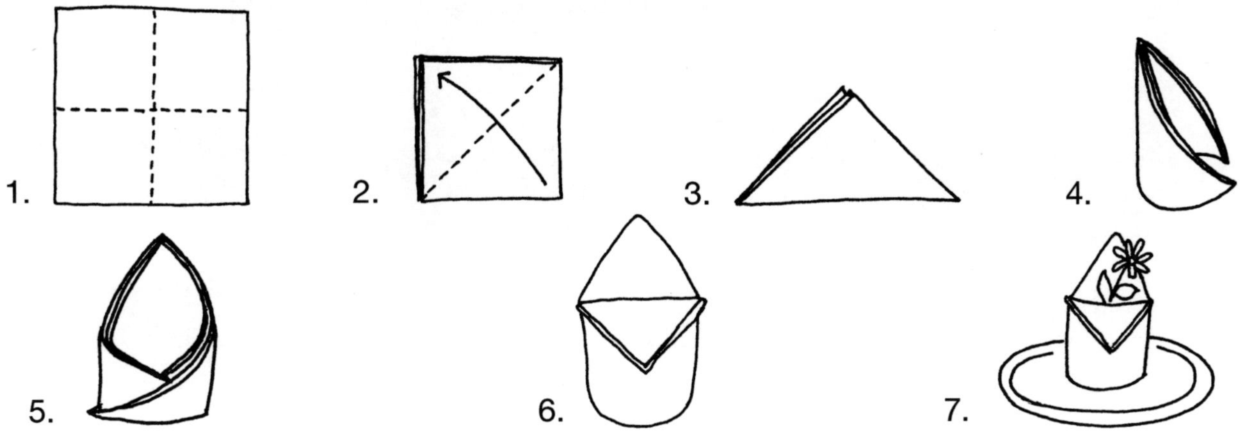

Windrad

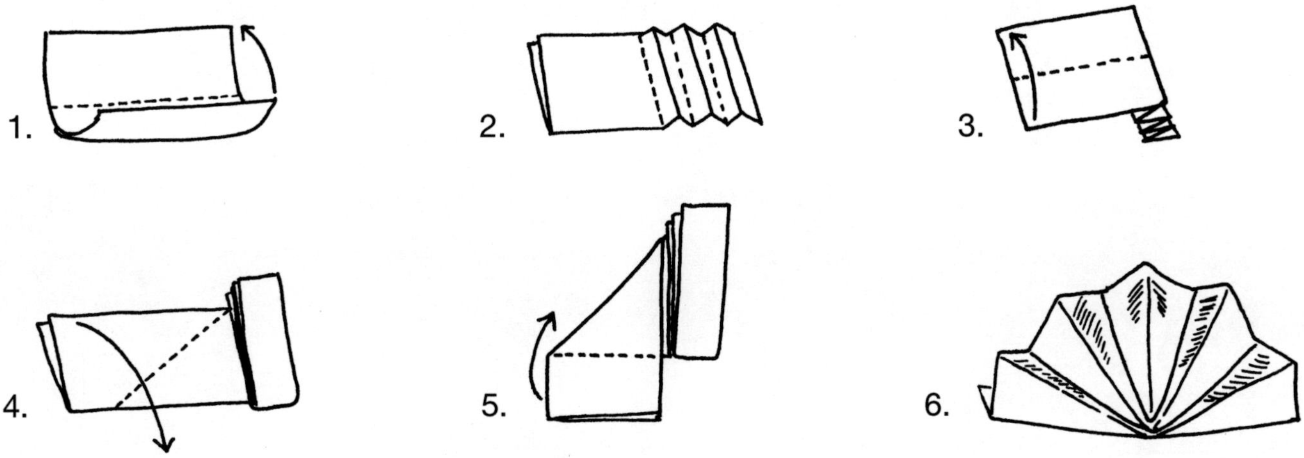

Das Menü

Das klassische Menü der französischen Küche umfasst 13 Gänge. Heute werden bei uns Menüs dieses Ausmaßes kaum mehr angeboten. Die heutigen Menüs sind auf 3 bis 5 Gänge verkürzt. Begonnen wird immer mit leichten, appetitanregenden Speisen, sich steigernd bis zum Hauptgang, um gegen Ende des Menüs wieder mit leichten Gerichten aufzuwarten.

Zähle die Gangarten eines 5-Gänge-Menüs auf und nenne jeweils Beispiele dazu!

Gang	Beispiel

Anrichten von Speisen

1. Welche Regeln beachtest du beim Anrichten?

2. Welche Garniermöglichkeiten bieten sich an?

	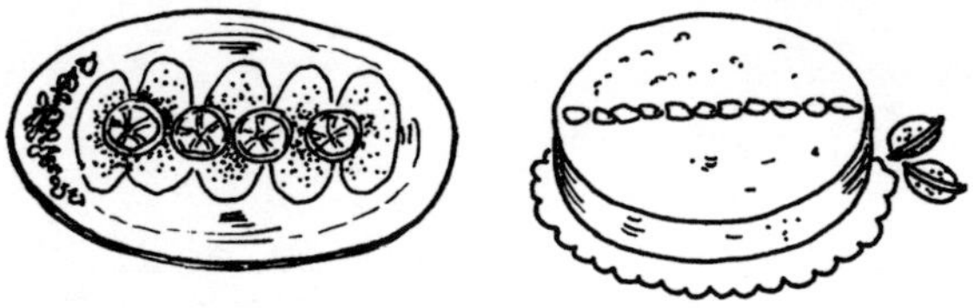

3. Mit welchen Zutaten kannst du eine Speise garnieren?

Geschirr

Mit folgenden Geschirrteilen ist man vorerst gut ausgestattet:

1

2

3

4

5

6

7

8
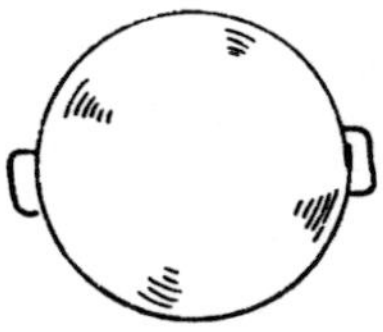

9

10

11

12
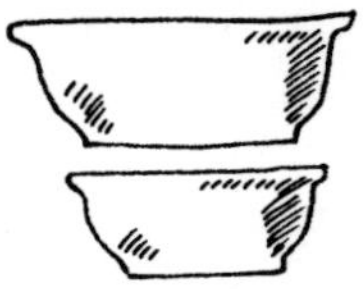

13

14
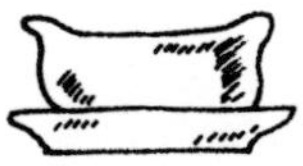

15

16
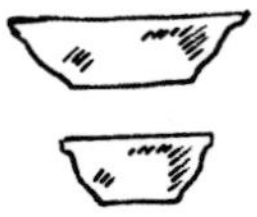

Ordne die Bezeichnungen den nummerierten Teilen zu!
Teetasse, Kuchenplatte, Dessertschale, Kuchenteller, Soßenschüssel, Suppentasse, Schüsseln, Fleischplatte, Kaffeekanne, Milchkännchen, Suppenterrine, flacher Teller, Kaffeetasse, Suppenteller, Zuckerdose, Teekanne

Besteck und Gläser

Mit folgenden Besteckteilen ist man vorerst gut ausgestattet:

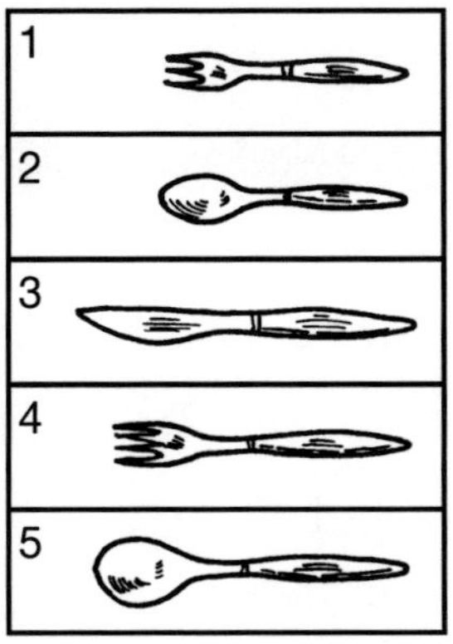

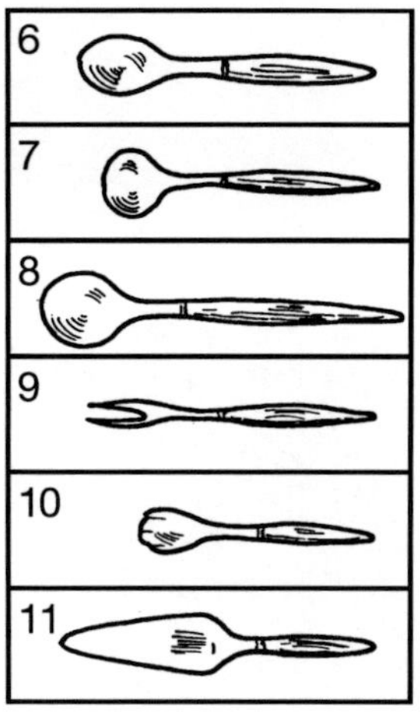

1. Ordne die Bezeichnungen den nummerierten Teilen zu!

Tortenheber, Suppenlöffel, Gabel, Fleischgabel, Suppenschöpfer, Gemüselöffel, Kaffeelöffel, Kuchengabel, Soßenschöpfer, Messer, Zuckerlöffel

Für jedes Getränk gibt es eine besondere Glasform:

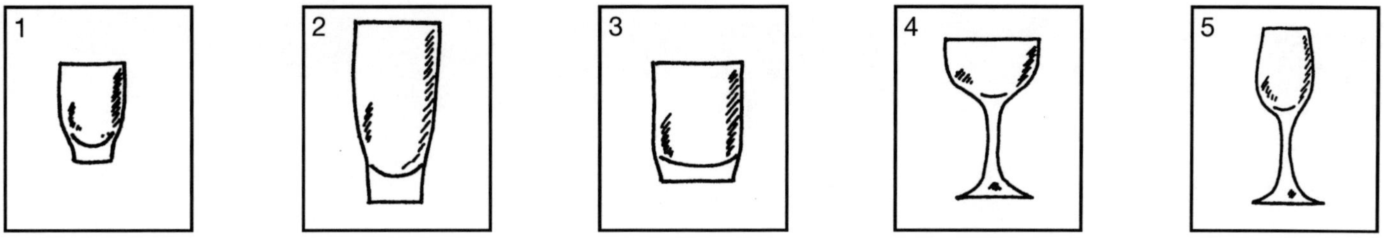

2. Ordne die Bezeichnungen den nummerierten Teile zu!

Rotweinglas, Bierglas, Sektkelch, Weißweinglas, Whiskyglas, Schnapsglas, Likörschale, Bowleglas, Cognacglas, Sektschale

Wir wollen uns bei Tisch wohlfühlen

1. Was kann die Atmosphäre am Tisch beeinflussen?

____

____

____

2. Nenne Verhaltensregeln bei Tisch!

____

____

____

____

____

____

____

3. Du legst dein Besteck am Teller so ab. Was willst du damit sagen?

____

____

____

____

Bd. 382. Christine Schreiber: Hauswirtschaft – Sozialbereich, 7.–9. Schuljahr

Benimm ist in!

Hier kannst du dich selbst testen und eine Menge erfahren.
Kreuze die richtigen Antworten an:

1. Du sitzt an einem Tisch, der mit Stoffservietten gedeckt ist. Wohin gehört die Serviette während des Essens?
   a) locker auf die Oberschenkel
   b) um den Hals gebunden
   c) auf den Tisch. Sie wird nur nach dem Essen benutzt, um sich damit den Mund abzuwischen

2. Wie sitzen wir richtig beim Essen?
   a) Ich mache es mir durch Auflegen der Ellenbogen auf dem Tisch bequem.
   b) Meine Ellenbogen liegen nicht auf dem Tisch.
   c) Beide Hände sind am Tisch.

3. Auf dem festlich gedeckten Tisch liegen rechts und links vom Teller mehrere Gabeln und Messer. Mit welchem Besteck beginnst du?
   a) Ich beginne von innen nach außen.
   b) Ich beginne von außen nach innen.
   c) Ich beginne mit dem Besteck, das mir am sympathischsten ist.

4. Heute gibt es dein Lieblingsgericht, wie verhältst du dich bei Tisch?
   a) Ich fülle meinen Teller gleich bis zum Rand voll.
   b) Ich angle mir das größte Fleischstück, auch wenn es unten liegt.
   c) Ich mache meinen Teller nicht randvoll, sondern nehme lieber noch einmal nach.

5. Es stehen mehrere gefüllte Platten und Schüsseln auf dem Tisch; wie bedienst du dich richtig?
   a) Ich lasse mir von meinem Tischnachbarn die Schüsseln bzw. Platten zureichen.
   b) Ich stehe auf, um den vollgefüllten Löffel durch die Luft zu meinem Teller zu führen.
   c) Ich schiebe die Schüssel bzw. Platte zu mir heran und bediene mich sitzend.

6. Du möchtest das Besteck während der Mahlzeit aus der Hand legen – aber wohin damit?
   a) Ich lege Messer und Gabel parallel nebeneinander auf den Teller.
   b) Ich kreuze das Besteck auf dem Teller.
   c) Ich lehne mein Besteck so an den Teller, dass die Griffe auf dem Teller aufliegen.

7. Eine Speise schmeckt dir weniger. Wie verhältst du dich?
   a) Ich gebe lauthals kund, dass mir diese Speise nicht schmeckt.
   b) Ich lasse meinen gefüllten Teller stehen.
   c) Ich behalte es für mich, dass mir diese Speise weniger schmeckt.

8. Wie legst du dein Besteck richtig am Teller ab, um zu zeigen, dass du mit dem Essen fertig bist?

   a)  b)  c) 

9. Was machst du mit deiner Stoffserviette, wenn du mit dem Essen fertig bist?
   a) Ich falte sie ordentlich und lege sie rechts neben den Teller.
   b) Ich falte sie ordentlich und lege sie links neben den Teller.
   c) Ich lege sie locker gefaltet links neben den Teller.

10. Was machst du mit deiner Papierserviette, wenn du mit dem Essen fertig bist?
   a) Ich knülle sie zusammen und lege sie auf den Teller.
   b) Ich falte die Serviette locker zusammen und lege sie auf den Teller.
   c) Ich falte die Serviette locker zusammen und lege sie auf die linke Seite neben den Teller.

Entwicklungskalender im ersten Lebensjahr

Damit sich ein Kind körperlich, geistig und seelisch entwickeln kann, braucht es liebevolle Zuwendung von festen Bezugspersonen.

1. Welche Reflexe sind einem Baby bereits angeboren?

____

____

2. Ordne folgende Entwicklungsabschnitte den richtigen Monaten zu:

Robben, Krabbeln, Sitzen, Laufen, Sprechen, Fremdeln, Greifen, erstes Zahnen, Kopfheben, soziales Lächeln

1./2. Monat	3./4. Monat	5./6. Monat	7./8. Monat	9./10. Monat	11./12. Monat

Das Stillen

Die Ernährung mit Muttermilch ist für das Neugeborene die „natürlichste“ Ernährungsform. Nenne Vor- und Nachteile des Stillens.

Vorteile	**Nachteile**

Bd. 382. Christine Schreiber: Hauswirtschaft – Sozialbereich, 7.–9. Schuljahr

Die Flaschenernährung

1. Nenne die drei verschiedenen Säuglingsmilchnahrungen und deren Unterschiede.

2. Was beachtest du beim Füttern mit der Flasche?

Zubereiten einer Flaschennahrung

Beim Zubereiten von Säuglingsmilch muss auf Sauberkeit geachtet werden, da das Verdauungssystem von Säuglingen noch ungenügend geschützt ist. Die Abwehrkräfte gegen Darminfektionen sind noch sehr schwach. Zudem bieten Milchnahrungen den idealen Nährboden für Bakterien, die sich darin unter günstigen Bedingungen explosionsartig vermehren können.

1. Welche Hygienemaßnahmen solltest du bei der Zubereitung der Flaschennahrung beachten?

____

____

____

____

____

____

2. Wie bereitest du eine Flasche zu?

____________ ____________ ____________

____________ ____________ ____________

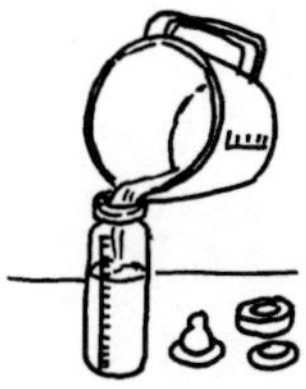

____________ ____________ ____________

____________ ____________ ____________

____________ ____________ ____________

Bd. 382. Christine Schreiber: Hauswirtschaft – Sozialbereich, 7.–9. Schuljahr

Ernährungsfahrplan für das erste Jahr

1. Nenne die Nahrungsmittel eines Säuglings/Kleinkindes im ersten Lebensjahr und male diese jeweils mit einer Farbe aus.

2. Ergänze die Nahrungsmittel in der Tabelle und male die Felder in den oben gewählten Farben aus.

Tageszeit	1.–4. Monat	5. Monat	6. Monat	7.–9. Monat	10.–12. Monat
morgens					
vormittags					
mittags					
nachmittags					
abends					

Das einjährige Kind beginnt am Tisch der Eltern mitzuessen!

Essverhalten von Kindern

1. Nenne mögliche Ursachen für die Appetitlosigkeit bei Kindern.

2. Wie kannst du bei Appetitlosigkeit Abhilfe schaffen?

Das erste Kinderzimmer

1. Was gehört zur ersten Kinderzimmerausstattung?

2. Worauf sollte man bei der Auswahl folgender Kindermöbel achten?

Bett	**Wickelplatz**	**Laufstall**
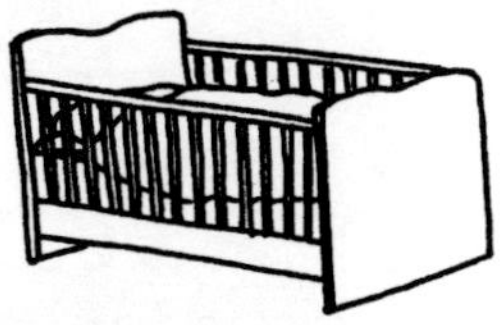		

Bd. 382. Christine Schreiber: Hauswirtschaft – Sozialbereich, 7.–9. Schuljahr

Die Bedürfnisse eines Kindes

1. Zähle wichtige Bedürfnisse eines Kindes auf.

2. Welches Verhalten ist im Umgang mit kleinen Kindern angemessen?

3. Ein Kind braucht viel Liebe und Pflege.
   Nenne jeweils Beispiele dafür.

Liebe	Pflege

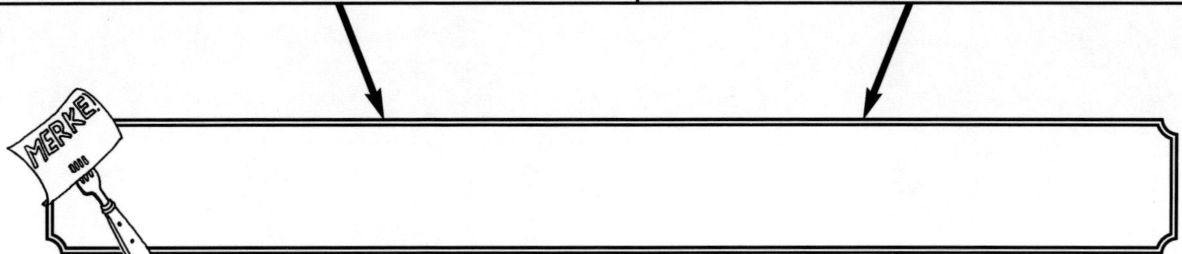

Die Körperpflege des Babys

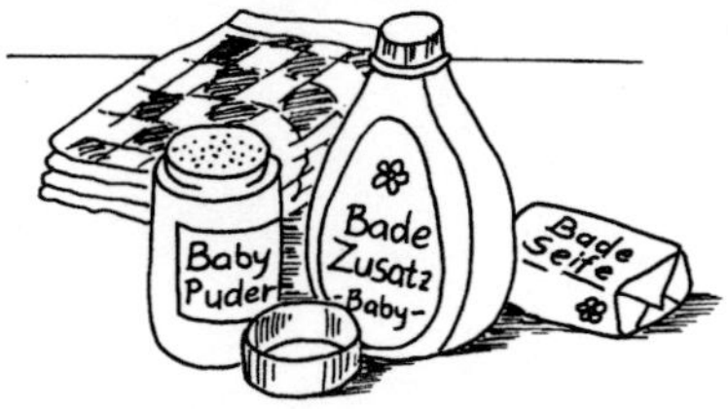

1. Welche Utensilien benötigst du zur Babypflege?

2. Was beachtest du bei folgender Körperpflege?

Wickeln	Nagelschneiden	Baden

Wie Babys die Welt (be)greifen

1. Was musst du bei der Auswahl eines Spielzeugs beachten?

2. Nenne jeweils Beispiele für geeignetes Spielzeug.

ab 1. Monat	
ab 3. Monat	
ab 5. Monat	
ab 7. Monat	
ab 9. Monat	
ab 12. Monat	

Bd. 382. Christine Schreiber: Hauswirtschaft – Sozialbereich, 7.–9. Schuljahr

Das Spielen

1. Nenne wichtige Gründe, die für das Spielen sprechen.

2. Welche „Spielregeln“ gelten für den Betreuer?

3. Wie erkennt man Spielstörungen beim Kind?

Betreuen von Kindern

1. Welche Aufgabenbereiche gehören zum Babysitten?

2. Welche Möglichkeiten zur Betreuung von Kindern hast du?

3. Was solltest du beim Betreuen beachten?

Kinderunfällen vorbeugen

Welche Unfälle passieren?	Wie kannst du sie vermeiden?

Wenn doch etwas passiert …

Welcher Unfall ist passiert?	Wie kannst du helfen?

Notruf bei Vergiftungen

1. Welche Informationen benötigt die Giftnotrufzentrale?

2. Bei Vergiftungen unterscheiden wir vier Gruppen.
   Nenne jeweils Maßnahmen, die du ergreifen kannst.

Gase	schäumende Mittel	ätzende Mittel	Medikamente/Pflanzen

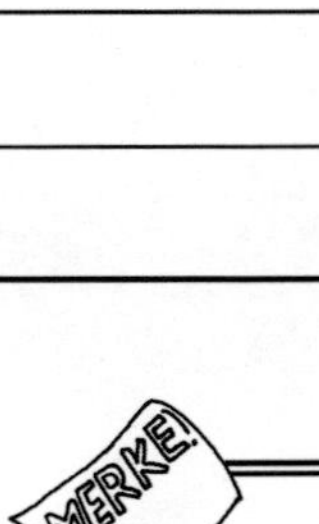

Bist du fit?

Löse das Kreuzworträtsel und finde das Lösungswort.

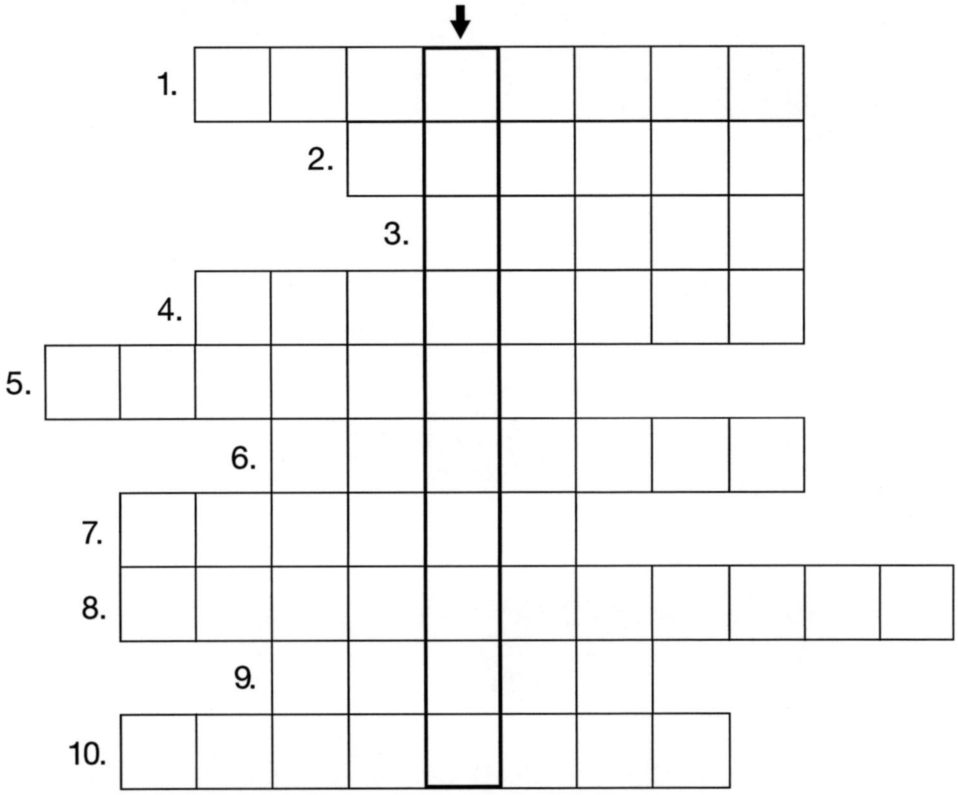

Lösungswort:

1. Entwicklungsabschnitt eines Babys ab ca. dem 9. Monat
2. angeborener Reflex eines Babys
3. Körperpflege eines Babys
4. gehört zur ersten Kinderzimmerausstattung
5. Nahrung, die zugefüttert wird
6. natürlichste Ernährungsform eines Neugeborenen
7. braucht man zur Babypflege
8. Spielen fördert die …
9. wichtiges Bedürfnis eines Kindes
10. geeignetes Spielzeug ab dem 3. Monat

Ü=Ü, ß=ß, Ä=Ä

Wir planen ein Projekt

Ein Projekt verläuft in mehreren Phasen. Erläutere diese kurz.

1. **Zielsetzung/Vorüberlegungen**

2. **Durchführung/Aufgabenverteilung**

3. **Darstellung/Präsentation**

4. **Überprüfung/Bewertung**

Unser Projekt

1. Was verstehst du unter einem Projekt?

2. Welche Themen eignen sich für ein Projekt?
   Mache Vorschläge!

3. Wir entscheiden uns für folgendes Projekt:

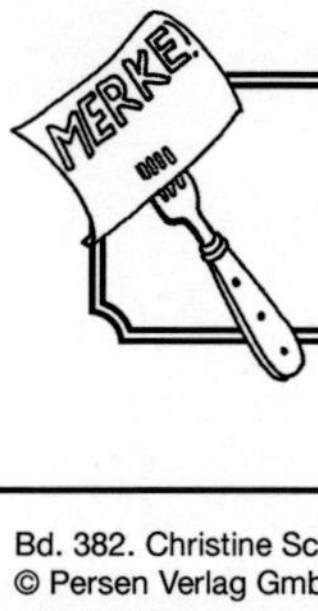

Bd. 382. Christine Schreiber: Hauswirtschaft – Sozialbereich, 7.–9. Schuljahr

Wir stellen ein Produkt her und verkaufen es

1. Welche Vorüberlegungen müssen wir anstellen?

2. Wir verteilen die Aufgaben:

3. Wir bewerten unseren Verkauf.

Wir verpacken und beschriften unsere Marmeladengläser

Material:

- Stoffreste (ca. 18 cm x 18 cm)
- Gummibänder
- Geschenkband
- Zackenschere
- Etiketten
- Stift

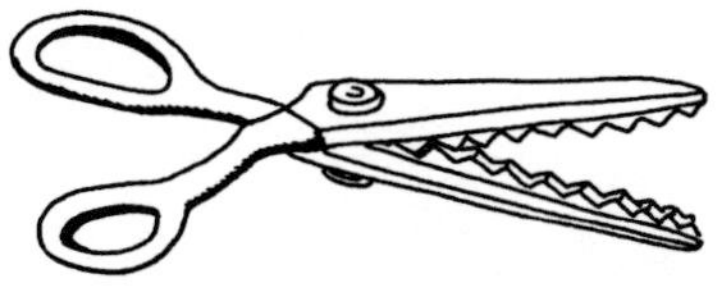

Arbeitsschritte:

1. Schneide den Stoff mit der Zackenschere quadratisch zu.
2. Lege den Stoff über den Deckel des Glases und befestige ihn mit einem Gummiband.
3. Binde mit dem Geschenkband eine Schleife um das Glas.
4. Beschrifte das Etikett (Marmeladenart, Herstellungsdatum) und klebe es auf.

Leben und arbeiten in der Gemeinschaft		1

Die Gruppe

1. Jeder von uns gehört verschiedenen Gruppen an. Nenne Beispiele!

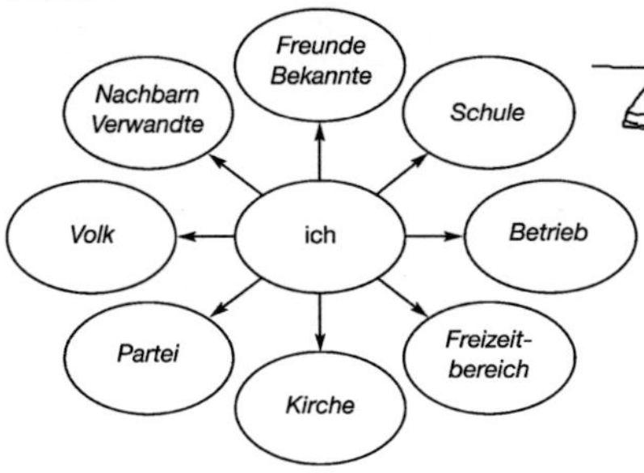

2. Was wird mir in einer Gruppe vermittelt?

Sicherheit, Geborgenheit, Erfolgserlebnisse, Anerkennung,

Zusammengehörigkeitsgefühl, Solidarität, Spaß, Freude,

Richtlinien für bestimmtes Verhalten ...

3. Welchen Beitrag kann ich als Gruppenmitglied leisten?

Zuverlässigkeit, Ehrlichkeit, materielle (= Geld, Sachwerte)

oder ideelle (freiwillige Arbeiten) Beiträge ...

In der Gemeinschaft fühlen wir uns sicher und geborgen!

Leben und arbeiten in der Gemeinschaft		2

Arbeiten im Team

1. Jeder von uns lebt in verschiedenen Gemeinschaften. Nenne Beispiele!

Familie, Schule, Klasse, Kochgruppe, Verein, Tennis-/Fußballmannschaft, Chor ...

2. Nenne Beispiele für Konfliktanlässe in deiner Kochgruppe.

– unzuverlässige Ämterausführung

– mangelnde Hygiene eines Gruppenmitgliedes

– „Drückeberger" bei der Arbeit

– Aufteilung der Arbeiten, Meinungsverschiedenheiten

– ein Schüler fehlt, wer übernimmt die Arbeit?

– ein neuer Schüler kommt in die Gruppe

– Essen schmeckt nicht

3. Wie können solche Konflikte gelöst werden?

– Konflikte ansprechen, miteinander reden

– alle Beteiligten zu Wort kommen lassen

– gemeinsam nach Lösungen suchen

– Kompromisse finden, Toleranz zeigen

– selbst ein gutes Vorbild sein

– Abmachungen einhalten

Ein gutes Team ist auf jedes Mitglied angewiesen!

Leben und arbeiten in der Gemeinschaft		3

Partnerschaftliche Arbeitsteilung

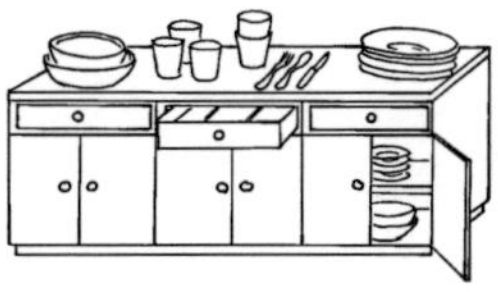

1. Welche Arbeiten fallen in der Schulküche an?

Speisen zubereiten, Geschirr spülen, abtrocknen, Geschirr einräumen, Herd reinigen,

Abfälle entsorgen, Boden kehren, Arbeitsfläche reinigen, Tische abwischen ...

2. Damit die Arbeiten gerecht verteilt sind, benennen wir in der Schulküche verschiedene Ämter.

Spülamt	*Trockenamt*
Herdamt	*Bodenamt*

3. Woran kann es liegen, dass eine Kochgruppe 10 Minuten eher fertig ist als die andere?

– Gruppenmitglieder helfen anderen, sobald die eigene Arbeit getan ist

– selbstständigere Arbeitsweise

– schnelleres Arbeitstempo

– niemand steht herum

– zwischendurch werden schon andere Arbeiten erledigt

– bewusstes Ausüben der Ämter

– folgerichtiges Arbeiten

Jede nicht ausgeführte Arbeit stört den reibungslosen Gesamtablauf!

Leben und arbeiten in der Gemeinschaft		4

Mitschüler anderer Länder

1. Erkundige dich, welche Nationalitäten in deiner Schule vertreten sind.

z. B. Türken, Italiener, Rumänen, Jugoslawen,

Russen, Griechen ...

2. Sammle typische Gerichte des jeweiligen Landes.

Türkei	*Italien*	*Griechenland*
– türkische Pizza	*– Pizza*	*– Gyros*
– gefüllte Weinblätter	*– Spaghetti*	*– Tsatsiki*
– Döner Kebab	*– Tortellini*	*– Griechischer Salat*
– Tavada-Patlikan-Kebabi	*– Rigatoni*	*– Moussaka*
	– Minestrone	*– Souflaki*

3. Warum fühlen sich unsere ausländischen Mitschüler nicht immer wohl bei uns?

– Verständigungsschwierigkeiten

– Erfahrung von Ablehnung aufgrund anderer Hautfarbe, anderen Aussehens

– andere Mentalität

– Begegnung mit Vorurteilen, Ausländerfeindlichkeit

– andere Ernährungsgewohnheiten

– finanzielle Probleme

Das Gemeinsame suchen – die Unterschiede verstehen!

Leben und arbeiten in der Gemeinschaft | 5

Anderen eine Freude bereiten

1. Überlege dir, wem du womit eine Freude bereiten könntest. Nenne jeweils Beispiele.

Eltern: *höflich sein, mithelfen bei der Hausarbeit, Zimmer aufräumen*

Verwandte: *Besuche machen, anrufen, zum Geburtstag gratulieren*

Freunde: *gemeinsam etwas unternehmen, bei Problemen zuhören*

Mitschüler: *bei Hausaufgaben helfen, Außenseiter mit einbeziehen, bei Krankheit besuchen*

Lehrer: *höflich sein, im Unterricht gut mitarbeiten, selbstständig arbeiten*

Nachbarn: *grüßen, evtl. Einkäufe tätigen, bei Krankheit besuchen*

ältere Menschen: *grüßen, über die Straße helfen, Besorgungen erledigen*

Kinder: *spielen, Geschichten erzählen, vorlesen*

2. Worüber würdest du dich freuen?

Telefonanruf einer Freundin/eines Freundes, Überraschungsbesuch, Einladung zu einer Party, Urlaubskarte, Lob, Anerkennung, selbst gemachtes Geschenk

MERKE: *Kleine Freuden – große Wirkung!*

Leben und arbeiten in der Gemeinschaft | 6

Betreuen von Menschen

1. Welche kirchlichen und nichtkirchlichen Hilfsorganisationen bzw. Wohlfahrtsverbände kennst du?

– Caritas-Verband
– Malteser Hilfsdienst
– Arbeiterwohlfahrt (AWO)
– Diakonisches Werk
– Deutsches Rotes Kreuz (DRK)
– Pro familia
– Johanniter-Hilfsgemeinschaft
– Arbeiter-Samariter-Bund

2. Welche Dienste werden von diesen Organisationen angeboten?

– Kindergärten
– Betreutes Wohnen
– Bildungsangebote für Arbeitslose
– Essen auf Rädern
– Blutspendedienste
– Beratung in Lebens-/Sozialfragen
– Pflegedienste

3. Welche Möglichkeiten zur Betreuung von Mitmenschen hast du?

– Besorgungen für hilfsbedürftige Personen machen
– Gehbehinderte begleiten, z. B. zum Arzt, beim Spaziergang, zu einer Veranstaltung
– Babysitten
– Rasen mähen, Straße kehren, Schnee schieben bei älteren Personen

MERKE: *Ohne ehrenamtliche Helfer könnten viele Dienste nicht durchgeführt werden!*

Leben und arbeiten in der Gemeinschaft | 10

Bist du fit?

Setze aus folgenden Silben die richtigen Wörter zusammen und finde den Lösungssatz.

amt - an - ar - bab - bei - cken - den - der - der - dö - ein - en - fahrt - flikt - gar - grup - heim - höf - ita - ke - keit - kin - koch - kon - le - li - lich - mit - ner - ni - o - pe - ranz - re - ren - se - team - ten - ter - to - tro - wohl - work

K O N F L I K T – Streit, Spannung (1)

K O C H G R U P P E – Gemeinschaft im Hauswirtschaftsunterricht (16)

A R B E I T E R W O H L F A H R T – Wohlfahrtsverband (14, 15)

T R O C K E N A M T – Amt im Hauswirtschaftsunterricht (2, 3)

M I T E I N A N D E R R E D E N – wichtiger Schritt beim Lösen von Konflikten (4, 5)

I T A L I E N – europäisches Land (6)

D Ö N E R K E B A B – typisches türkisches Gericht (10, 11)

T O L E R A N Z – Duldsamkeit, Verständnis (12)

T E A M W O R K – gemeinsames Ausführen einer Aufgabe (engl.) (7)

S E N I O R E N H E I M – Wohnstätte für ältere Menschen (8, 9)

H Ö F L I C H K E I T – wichtige Tugend im Umgang mit anderen (13)

K I N D E R G A R T E N – besuchen Kinder ab 3 Jahren (17, 18, 19)

Lösung: *F R E M D E W E R D E N F R E U N D E*
(1 2 3 4 5 6 – 7 8 9 10 11 12 – 13 14 15 16 17 18 19)

Feiern in geselliger Runde | 11

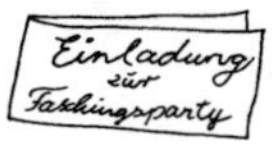

Wir laden ein – wir feiern

1. Welche Anlässe bieten sich für eine Feier an?

Familienfeste: *Geburtstag, Taufe, Kommunion, Konfirmation, Hochzeit*

jahreszeitlich bedingte Feste: *Ostern, Weihnachten, Silvester, Fasching, Halloween, Erntedank*

besondere Anlässe: *bestandene Prüfung, neue Wohnung, Beförderung, Versetzung, Abschied*

2. Welche Vorüberlegungen sind für eine Feier notwendig?

– Zeitpunkt und Ort der Feier
– Gästeliste
– Einladung: schriftlich oder mündlich
– Was biete ich an?
– Anlass oder Motto
– Rahmen der Feier
– Ablauf: Musik, Spiele
– Kostenlimit
– Tisch-/Raumschmuck

3. Du feierst deinen Geburtstag. Was könntest du deinen Gästen zum Essen anbieten? (Wähle Gerichte aus dem Hauswirtschaftsunterricht!)

– Apfelkuchen mit Tee oder Kakao
– Bananenquarkspeise
– Pizza mit Salat
– gefülltes Baguette
– gefüllte Blätterteigtaschen
– Windbeutel

MERKE: *Eine gut geplante Feier bringt viel Spaß und Freude!*

Feiern in geselliger Runde		13

Wir dekorieren einen Tisch

1. Welche Regeln beachtest du beim Dekorieren?

– Tischschmuck soll zum Anlass passen

– Tischschmuck soll in der Farbe zur Tischdecke und zum Geschirr passen

– kleine Blumengestecke, statt hohe Sträuße

– keine stark riechenden Blumen verwenden

– Überladung vermeiden

– Schlichtheit wirkt besser als Üppigkeit

2. Welche Tischdekorationen fallen dir zu folgenden Anlässen ein?

 Adventsfeier	*Tannenzweige, Äpfel, Nüsse, Kerzen, Tannenzapfen, kleine Engel, Strohsterne, Sterne aus Goldpapier*
Faschingsparty 	*Luftschlangen, Konfetti, Knallbonbons, Papierblumen, kleine Tröten*
 Italienisches Essen	*Tischbänder, Servietten und Kerzen in den Landesfarben, kleine Fähnchen, Weinblätter*
Osterfrühstück 	*Weidenkätzchen, Ostergras mit gefärbten Eiern, kleine Osterhasen, Osterglocken, kleine Küken*

Die Dekoration vollendet die Wirkung eines gedeckten Tisches!

Feiern in geselliger Runde		15

Das Menü

Das klassische Menü der französischen Küche umfasst 13 Gänge. Heute werden bei uns Menüs dieses Ausmaßes kaum mehr angeboten. Die heutigen Menüs sind auf 3 bis 5 Gänge verkürzt. Begonnen wird immer mit leichten, appetitanregenden Speisen, sich steigernd bis zum Hauptgang, um gegen Ende des Menüs wieder mit leichten Gerichten aufzuwarten.

Zähle die Gangarten eines 5-Gänge-Menüs auf und nenne jeweils Beispiele dazu!

Gang	Beispiel
kalte Vorspeise	*Lachs-/Forellenfilet mit Toast* *Melone mit Schinken* *Salatteller mit Weißbrot*
Suppe	*Gemüsesuppe* *Spargelcremesuppe* *Kraftbrühe*
warme Vorspeise	*Spargel mit Sauce Hollandaise* *gebackene Krabben mit Dip* *Pilze mit Toast*
Hauptgang mit Beilagen	*Fleisch, Fisch, Geflügel,* *Spätzle, Kroketten, Kartoffeln, Gemüse*
Nachtisch/Dessert	*Eis, Creme, Pudding,* *Gebäck, Soufflé, Früchte*

Kalte Vorspeisen werden immer vor der Suppe, warme Vorspeisen nach der Suppe serviert! Der Salat ist eine Ausnahme, er kann zwischen allen Gerichten serviert werden!

Feiern in geselliger Runde		16

Anrichten von Speisen

1. Welche Regeln beachtest du beim Anrichten?

– Anrichtegeschirr für warme Speisen warm stellen

– Garnierzutaten rechtzeitig herrichten

– Speisen etwas angehäuft, locker in die Schüssel füllen

– Platten und Schüsseln nie überladen

– Ränder abwischen

2. Welche Garniermöglichkeiten bieten sich an?

Betonung der Mitte	
Betonung des Randes	
Band-Garnitur	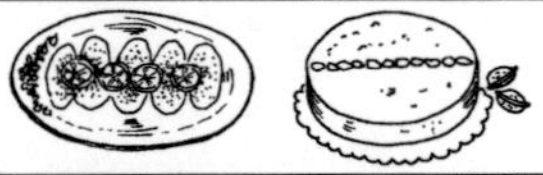
einseitige Garnierung	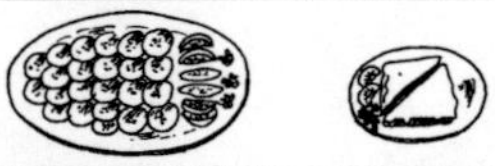

3. Mit welchen Zutaten kannst du eine Speise garnieren?

geschnittener Schnittlauch, Zitronenscheiben, Zwiebelringe, gekochte Eier in Scheiben, Melonenkugeln, Tomatenscheiben, Essiggurken (Scheiben, Fächer), Petersilie, Butterflöckchen, Sahnehäubchen …

Die Garnierung soll farblich und geschmacklich zur Speise passen!

Feiern in geselliger Runde		17

Geschirr

Mit folgenden Geschirrteilen ist man vorerst gut ausgestattet:

1  *Kaffeekanne*	2  *Kaffeetasse*	3  *Teekanne*	4  *Teetasse*
5  *Milchkännchen*	6  *Zuckerdose*	7  *Kuchenteller*	8 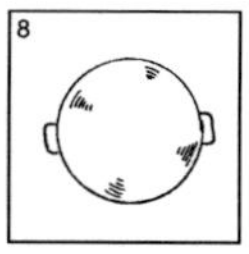 *Kuchenplatte*
9 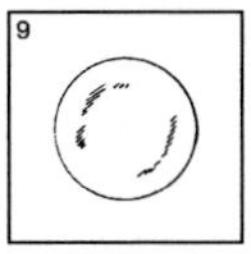 *flacher Teller*	10 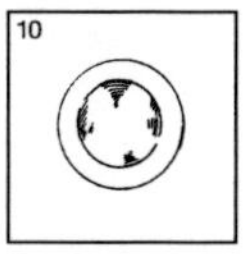 *Suppenteller*	11  *Suppentasse*	12 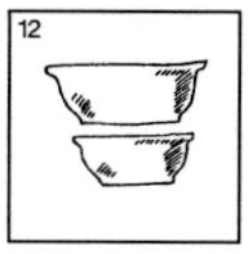 *Schüsseln*
13 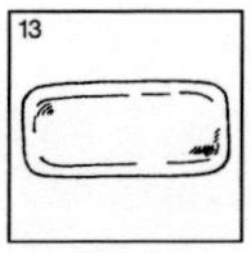 *Fleischplatte*	14 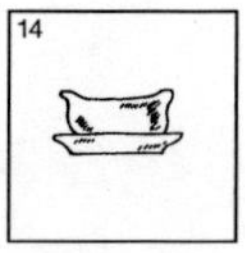 *Soßenschüssel*	15  *Suppenterrine*	16 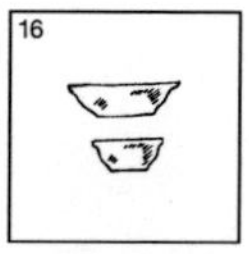 *Dessertschale*

Ordne die Bezeichnungen den nummerierten Teilen zu!
Teetasse, Kuchenplatte, Dessertschale, Kuchenteller, Soßenschüssel, Suppentasse, Schüsseln, Fleischplatte, Kaffeekanne, Milchkännchen, Suppenterrine, flacher Teller, Kaffeetasse, Suppenteller, Zuckerdose, Teekanne

Feiern in geselliger Runde		18

Besteck und Gläser

Mit folgenden Besteckteilen ist man vorerst gut ausgestattet:

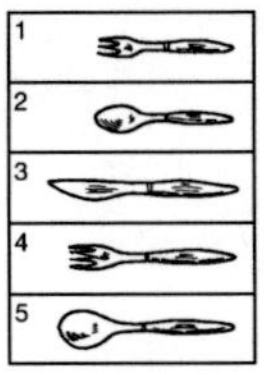

1 *Kuchengabel*
2 *Kaffeelöffel*
3 *Messer*
4 *Gabel*
5 *Suppenlöffel*

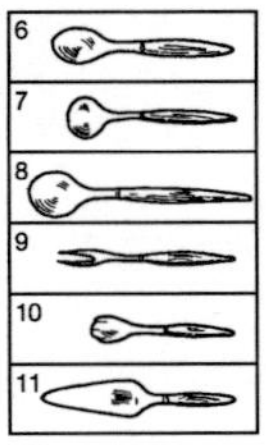

6 *Gemüselöffel*
7 *Soßenschöpfer*
8 *Suppenschöpfer*
9 *Fleischgabel*
10 *Zuckerlöffel*
11 *Tortenheber*

1. Ordne die Bezeichnungen den nummerierten Teilen zu!

Tortenheber, Suppenlöffel, Gabel, Fleischgabel, Suppenschöpfer, Gemüselöffel, Kaffeelöffel, Kuchengabel, Soßenschöpfer, Messer, Zuckerlöffel

Für jedes Getränk gibt es eine besondere Glasform:

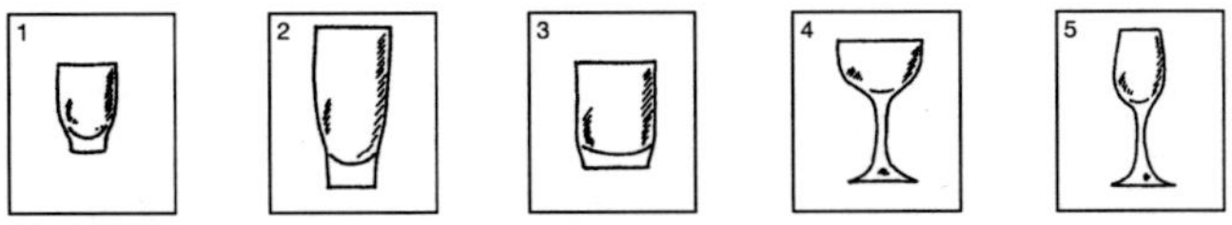

1 *Schnapsglas* 2 *Bierglas* 3 *Whiskyglas* 4 *Sektschale* 5 *Weißweinglas*

6 *Rotweinglas* 7 *Sektkelch* 8 *Likörschale* 9 *Cognacglas* 10 *Bowleglas*

2. Ordne die Bezeichnungen den nummerierten Teile zu!

Rotweinglas, Bierglas, Sektkelch, Weißweinglas, Whiskyglas, Schnapsglas, Likörschale, Bowleglas, Cognacglas, Sektschale

Feiern in geselliger Runde		19

Wir wollen uns bei Tisch wohlfühlen

1. Was kann die Atmosphäre am Tisch beeinflussen?

Tischgespräche, Lärmpegel, Manieren, Tischnachbarn,
Speisen / Getränke – persönliche Vorlieben, Zeitpunkt, Stimmung,
Lichtverhältnisse, Ruhe, Entspannung, gegenseitige Wertschätzung …

2. Nenne Verhaltensregeln bei Tisch!

– Beginne mit dem Essen erst, wenn alle am Tisch sitzen.
– Sei höflich zu deinen Tischnachbarn.
– Nimm dir nur so viel auf deinen Teller, wie du essen kannst.
– Iss möglichst geräuschlos.
– Stehe vom Tisch erst auf, wenn alle mit dem Essen fertig sind.
– Verwende das Besteck richtig.
– Verwende zum Herausnehmen der Speisen das Vorlegebesteck.

3. Du legst dein Besteck am Teller so ab. Was willst du damit sagen?

Ich bin fertig.

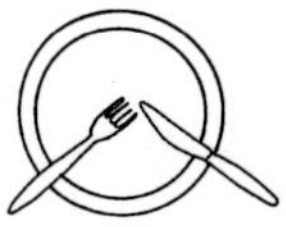

Ich möchte nachnehmen.

Regeln erleichtern den Umgang miteinander!

Feiern in geselliger Runde – Test		20

Benimm ist in!

Hier kannst du dich selbst testen und eine Menge erfahren.
Kreuze die richtigen Antworten an:

1. a) **6. b)**
2. b) + c) **7. c)**
3. b) **8. a)**
4. c) **9. c)**
5. a) + c) **10. b)**

9/10 Punkte
Donnerwetter, dein Wissen um das richtige Benehmen bei Tisch ist beeindruckend!

6 – 8 Punkte
Du hast gute Voraussetzungen, bei Tisch zu glänzen!
Tust du es auch?

3 – 5 Punkte
Obwohl du einige Fragen richtig beantwortet hast, gibt es Bereiche, in denen du deinen Wissensstand unbedingt verbessern solltest!

Vom Säugling zum Kleinkind		21

Entwicklungskalender im ersten Lebensjahr

Damit sich ein Kind körperlich, geistig und seelisch entwickeln kann, braucht es liebevolle Zuwendung von festen Bezugspersonen.

1. Welche Reflexe sind einem Baby bereits angeboren?

Saugen, Schreien, Husten, Atmen, Niesen,
Blinzeln, Schlucken, Gähnen, Würgen

2. Ordne folgende Entwicklungsabschnitte den richtigen Monaten zu:

Robben, Krabbeln, Sitzen, Laufen, Sprechen, Fremdeln, Greifen, erstes Zahnen, Kopfheben, soziales Lächeln

1./2. Monat	3./4. Monat	5./6. Monat	7./8. Monat	9./10. Monat	11./12. Monat
soziales Lächeln					
	Kopfheben				
		Greifen			
		erstes Zahnen			
			Robben		
			Sitzen		
				Krabbeln	
				Fremdeln	
					Sprechen
					Laufen

Jedes Baby hat sein eigenes Entwicklungstempo.
Der Kalender sollte nur als Orientierungshilfe dienen!

Vom Säugling zum Kleinkind		22

Das Stillen

Die Ernährung mit Muttermilch ist für das Neugeborene die „natürlichste“ Ernährungsform. Nenne Vor- und Nachteile des Stillens.

Vorteile	Nachteile
– Muttermilch ist den Bedürfnissen des Babys optimal angepasst.	*– Muttermilch ist nicht frei von Umweltgiften.*
– Sie enthält wichtige Abwehrstoffe gegen Infektionen.	*– Die Mutter muss sich vollwertig und gesund ernähren.*
– Baby kann nicht überernährt werden.	*– Die Mutter sollte den Verzehr bestimmter Nahrungsmittel einschränken.*
– Stillen vermittelt Geborgenheit.	*– Sie sollte Alkohol vermeiden und nicht rauchen.*
– Nahrung ist immer frisch, keimfrei, verfügbar und sie hat die richtige Temperatur.	*– Nur die Mutter kann füttern.*
– Sie ist leicht verdaulich.	
– Sie dient als Vorbeugung gegen Karies.	
– Rückbildung der Gebärmutter wird unterstützt.	
– Brustkrebsrisiko sinkt.	
– Stillen spart Arbeit.	

MERKE: *Das Baby sollte, wenn möglich, 4 bis 6 Monate voll gestillt werden, danach sollte man langsam mit dem Zufüttern beginnen!*

Vom Säugling zum Kleinkind		23

Die Flaschenernährung

1. Nenne die drei verschiedenen Säuglingsmilchnahrungen und deren Unterschiede.

Säuglingsanfangsnahrung Pre	*Säuglingsmilchnahrung Nr. 1*	*Folgemilch Nr. 2*
= adaptierte Milch	*= teiladaptierte Milch*	*– auf Kuhmilchbasis*
– der Muttermilch angeglichen	*– der Muttermilch teilweise angeglichen*	*– Nährstoffzusammensetzung ist dem Bedarf des älteren Säuglings angepasst*
– kann nach Bedarf gefüttert werden	*– erst ab dem 4.–6. Monat geeignet*	*– nach dem 4. Monat geeignet*
– sehr dünnflüssig	*– enthält zusätzlich Stärke*	*– gut sättigend*
	– sättigend	

2. Was beachtest du beim Füttern mit der Flasche?

– Dosierungsanleitung genau beachten
– richtigen Sauger wählen
– Flasche immer frisch zubereiten
– Temperatur überprüfen
– Saugerloch schaut beim Füttern nach oben
– Flasche schräg halten – Sauger soll mit Nahrung gefüllt sein
– Dauernuckeln vermeiden

MERKE: *Kuhmilch ist in ihrer Zusammensetzung für Babys nicht geeignet!*

Vom Säugling zum Kleinkind		24

Zubereiten einer Flaschennahrung

Beim Zubereiten von Säuglingsmilch muss auf Sauberkeit geachtet werden, da das Verdauungssystem von Säuglingen noch ungenügend geschützt ist. Die Abwehrkräfte gegen Darminfektionen sind noch sehr schwach. Zudem bieten Milchnahrungen den idealen Nährboden für Bakterien, die sich darin unter günstigen Bedingungen explosionsartig vermehren können.

1. Welche Hygienemaßnahmen solltest du bei der Zubereitung der Flaschennahrung beachten?

– Wasser immer abkochen
– Nahrung frisch zubereiten
– Reste nicht wieder verwenden
– stundenlanges Warmhalten vermeiden
– Mindesthaltbarkeitsdatum der Nahrung beachten
– Flasche/Sauger richtig reinigen bzw. sterilisieren

2. Wie bereitest du eine Flasche zu?

Wasser frisch abkochen

Wasser abmessen

Pulver abmessen

Pulver in die trockene Flasche geben

halbe Wassermenge zugeben, schütteln

restliches Wasser einfüllen, schütteln, Temperatur prüfen

MERKE: *Unsachgemäßes Zubereiten einer Flasche kann die Gesundheit des Babys beeinträchtigen!*

Vom Säugling zum Kleinkind		25

Ernährungsfahrplan für das erste Jahr

1. Nenne die Nahrungsmittel eines Säuglings/Kleinkindes im ersten Lebensjahr und male diese jeweils mit einer Farbe aus.

Milchnahrung – *Gemüse-Kartoffel-Fleisch-Brei* – *Vollmilch-Getreide-Brei* – *milchfreier Getreide-Obst-Brei* – *Obst-/Gemüsestücke* – *Brot-Milch-Mahlzeit*

2. Ergänze die Nahrungsmittel in der Tabelle und male die Felder in den oben gewählten Farben aus.

Tageszeit	1.–4. Monat	5. Monat	6. Monat	7.–9. Monat	10.–12. Monat
morgens	*Milchnahrung*				*Brot-Milch-Mahlzeit*
vormittags					*Obst-/Gemüsestücke*
mittags		*Gemüse-Kartoffel-Fleisch-Brei*			
nachmittags				*milchfreier Getreide-Obst-Brei*	
abends			*Vollmilch-Getreide-Brei*		*Brot-Milch-Mahlzeit*

Das einjährige Kind beginnt am Tisch der Eltern mitzuessen!

MERKE: *Keine unnötige Vielfalt in der Beikost im ersten Lebensjahr!*

Bd. 382. Christine Schreiber: Hauswirtschaft – Sozialbereich, 7.–9. Schuljahr

Vom Säugling zum Kleinkind		26

Essverhalten von Kindern

1. Nenne mögliche Ursachen für die Appetitlosigkeit bei Kindern.

– Abneigung gegen eine Speise
– häufiges Naschen zwischendurch
– Reizüberflutung
– zu viele neue seelische Eindrücke
– „Ausbrüten" einer Krankheit
– falsches Essverhalten der Eltern – Eltern als Vorbild
– Zwang und Drängen beim Essen
– Trotzreaktion des Kindes
– gestörtes Hunger-/Sättigungsgefühl beim Kind
– Atmosphäre bei Tisch – Kind muss alleine essen

2. Wie kannst du bei Appetitlosigkeit Abhilfe schaffen?

– Kind mitkochen lassen
– Freude über Essverhalten des Kindes zeigen
– zum Getränk einen bunten Strohhalm geben
– Teddy/Puppe mitessen lassen
– Speise ansprechend garnieren
– Kind nie zum Essen/Aufessen zwingen
– Süßigkeiten in bestimmten Mengen erlauben,
aber nicht als Trostpflaster benutzen
– von Anfang an abwechslungsreiche, gesunde Speisen anbieten
– Kind gemeinsam mit der Familie essen lassen
– Sättigungsgefühl des Kindes respektieren
– Abneigungen des Kindes ernst nehmen, jedes Nahrungsmittel ist ersetzbar

MERKE: *Ein reichhaltiges Angebot an gesunden Speisen fördert das Erlernen eines gesunden Essverhaltens!*

Vom Säugling zum Kleinkind		27

Das erste Kinderzimmer

1. Was gehört zur ersten Kinderzimmerausstattung?

– evtl. Wiege/Stubenwagen	*– Laufstall*
– Babybett	*– Wickelauflage*
– Wickelkommode	*– Windeleimer mit Deckel*
– Kleiderschrank	*– Heizstrahler über Wickelplatz*

2. Worauf sollte man bei der Auswahl folgender Kindermöbel achten?

Bett	Wickelplatz	Laufstall
– stabiler Lattenrost	*– kippsicher, stabil*	*– kippsicher, stabil*
– giftfreie Lackierung	*– ausreichend große*	*– abgerundete Ecken*
– zwei herausnehmbare	*Wickelfläche*	*– Gitterabstände*
Gitterstäbe	*– seitliche Umrandung*	*beachten: 4,5–7,5 cm*
– höhenverstellbarer	*– genug Platz für*	*– ungiftige Farben*
Lattenrost	*Pflegemittel*	*und Lacke*
– Gitterabstände	*– Vorsicht mit Regalen*	*– evtl. mit Rollen*
beachten: 4,5–7,5 cm	*über dem Wickelplatz*	
– evtl. Umbaumöglichkeit	*– richtige Höhe*	
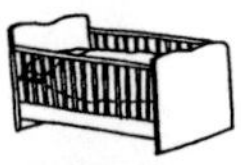		

MERKE: *Ein Säugling braucht nicht gleich ein „topeingerichtetes" Kinderzimmer, sondern eine behagliche Umgebung, die Geborgenheit vermittelt!*

Vom Säugling zum Kleinkind		28

Die Bedürfnisse eines Kindes

1. Zähle wichtige Bedürfnisse eines Kindes auf.

Trinken	*Körperpflege*	*Ruhen*
Essen	*Liebe*	*Spielen*

2. Welches Verhalten ist im Umgang mit kleinen Kindern angemessen?

ruhig, gelassen, aufmerksam, freundlich, verständig, hilfsbereit,
partnerschaftlich, höflich, lobend, geduldig, ermutigend,
keine Strafe androhen ...

3. Ein Kind braucht viel Liebe und Pflege.
Nenne jeweils Beispiele dafür.

Liebe	Pflege
– Zärtlichkeit	*– geregelte Ernährung*
– Kind nicht alleine lassen	*– richtige Körperpflege*
– mit dem Kind spielen	*– mit dem Kind spazieren fahren*
– Eingehen auf das Kind	*in frischer Luft*
– Betreuen beim	*– frische, angemessene Kleidung*
Aufwachen	*– Bewegung*
Ankleiden	*– Gesundheitspflege*
Zubettbringen	

MERKE: *Ein Kind braucht liebevolle Pflege!*

Vom Säugling zum Kleinkind		29

Die Körperpflege des Babys

1. Welche Utensilien benötigst du zur Babypflege?

Badewanne, Badethermometer, Windeleimer, Waschlappen, Badetuch,
Badezusatz, Babypuder, Wundcreme, Gesichtscreme, Wattestäbchen, Bürste,
Nagelschere, Windeln ...

2. Was beachtest du bei folgender Körperpflege?

Wickeln	Nagelschneiden	Baden
– Baby nach jeder	*– einmal pro Woche:*	*– alle Pflegeutensilien*
Mahlzeit trockenlegen	*Fingernägel leicht*	*bereitlegen*
– Haut mit lauwarmen	*rund schneiden,*	*– Temperatur*
Wasser abwischen	*Fußnägel gerade*	*überprüfen (37 °C)*
– Haut gründlich	*schneiden*	*– etwa jeden*
trocknen		*2. Tag baden*
– Baby nackt		*– Baby mit den Füßen*
strampeln lassen		*voran ins Wasser*
– Creme auftragen		*gleiten lassen*
– Windel anlegen		*– zuerst Gesicht reinigen*
		– „Klammergriff"
		– alle Falten sorgfältig
		waschen
		– kein Wasser/Schaum
		in die Ohren bringen
		– Baby danach
		gründlich abtrocknen

MERKE: *Planvolles Vorgehen und ständige Beaufsichtigung bei der Körperpflege verhindert Unfälle!*

Vom Säugling zum Kleinkind | 30

Wie Babys die Welt (be)greifen

1. Was musst du bei der Auswahl eines Spielzeugs beachten?

– nicht zu klein
– nicht in kleine Einzelteile zerlegbar
– keine scharfen Kanten und Spitzen
– pflegeleicht
– hygienisch
– ungiftige Farben
– geprüfte Qualität

2. Nenne jeweils Beispiele für geeignetes Spielzeug.

ab 1. Monat	*Spieluhr, Mobile über Schlaf- oder Wickelplatz*
ab 3. Monat	*Quietsche-Ente, Beißring, Rassel, Stofftier (waschbar), Kugelkette für den Kinderwagen*
ab 5. Monat	*bunter, weicher Ball, Kugelring, Klingelstab, farbige Bauklötze aus Holz*
ab 7. Monat	*stabiles Bilderbuch, Leporello mit Bildern*
ab 9. Monat	*Becherpyramide, Steckspiel mit großen Teilen, Scheibenfiguren*
ab 12. Monat	*Eimer, Schaufel, Sandformen, Holztier zum Nachziehen, Auto mit Ladefläche, Kuscheltier/Stoffpuppe*

MERKE: *Spielen fördert die Denk- und Lernfähigkeit!*

Vom Säugling zum Kleinkind | 31

Das Spielen

1. Nenne wichtige Gründe, die für das Spielen sprechen.

– Spielen fördert: Fingerfertigkeit, Geschicklichkeit, Denken, Motorik, Kreativität, soziales Verhalten ...
– Spielen erweitert den Wortschatz
– überschüssige Kraft, Aggression wird abreagiert
– Kind wird ausgeglichener
– Rollenspiel bereitet auf die Erwachsenenwelt vor
– Spielen steigert die Selbstsicherheit und Lernfähigkeit
– alle Sinne werden erprobt

2. Welche „Spielregeln" gelten für den Betreuer?

– dem Kind Zeit und Ruhe lassen
– unnötige Unterbrechungen vermeiden
– Ideen der Kinder nicht abwerten
– keine negativen Bemerkungen
– Kind nicht überfordern
– nicht zu viele Spielsachen auf einmal anbieten (weniger ist mehr)
– Kind nicht ins Spielzimmer abschieben
– nich überfürsorglich reagieren

3. Wie erkennt man Spielstörungen beim Kind?

– Kind sitzt längere Zeit untätig herum
– wiederholt immer die gleichen Handgriffe am Gegenstand
– fragt zu häufig für sein Alter: „Mama, was soll ich spielen?"
– gibt bei Schwierigkeiten sofort auf
– spielt hektisch und chaotisch
– zerstört mutwillig Gegenstände

MERKE: *Spielen ist Lernen und Spaßhaben zugleich!*

Vom Säugling zum Kleinkind | 32

Betreuen von Kindern

1. Welche Aufgabenbereiche gehören zum Babysitten?

– Betreuung, Zuwendung
– Bedürfnisse des Kindes stillen
– Körperpflege
– Ankleiden
– Spazierenfahren
– Zubereiten einer Mahlzeit

2. Welche Möglichkeiten zur Betreuung von Kindern hast du?

– Grundschüler auf dem Schulweg begleiten (Schulwegpatenschaften)
– Beaufsichtigen einer Schülergruppe während der Pause
– Betreuen eines Nachbarkindes (Babysitten)
– Aufpassen auf kleinere Geschwister
– Helfen bei Hausaufgaben
– Beaufsichtigen während der Busfahrt

3. Was solltest du beim Betreuen beachten?

– sich vorher über die Gewohnheiten des Kindes informieren
– nicht hektisch mit dem Kind umgehen
– freundlich und ermunternd sprechen
– weinende Kinder durch Ortswechsel/Ablenkung beruhigen
– einfühlsam sein
– nicht bevormunden

MERKE: *Lass ein Kind nie alleine und bewahre immer die Ruhe!*

Vom Säugling zum Kleinkind | 33

Kinderunfällen vorbeugen

Welche Unfälle passieren?	Wie kannst du sie vermeiden?
 *Stürze*	*– Kinder niemals unbeaufsichtigt lassen – Treppen durch Schutzgitter sichern – Kinder im Kinderwagen anschnallen*
 *Vergiftungen Verätzungen*	*– Reinigungsmittel, Medikamente, Alkohol nicht herumstehen lassen, sondern für Kinder unzugänglich aufbewahren – auf kindersichere Verschlüsse achten – Chemikalien o. Ä. nie in Getränkeflaschen füllen*
 *Ersticken*	*– Kindern niemals Plastiktüten zum Spielen geben – Kleinteile nicht offen herumliegen lassen*
 *Verbrennungen Verbrühungen*	*– Schutzgitter am Herd anbringen – Getränke, Speisen und Wärmflaschen auf die richtige Temperatur hin überprüfen – Pfannenstiele nach innen drehen – heiße Töpfe und Pfannen nicht unbeaufsichtigt stehen lassen*
 *Stromschläge*	*– kindersichere Einsätze in Steckdosen anbringen*

Vom Säugling zum Kleinkind		34

Wenn doch etwas passiert ...

Welcher Unfall ist passiert?		Wie kannst du helfen?
	*Sturz*	*– Kind trösten* *– Beulen/Blutergüsse mit kaltem, feuchtem Lappen kühlen* *– zum Kinderarzt gehen* *– Kind erbricht/wird schläfrig:* *➟ Notarzt rufen*
	*Vergiftung* *Verätzung*	*– herausfinden, was das Kind geschluckt hat, Reste herausholen* *– kein Erbrechen auslösen* *– keine Milch zu trinken geben* *– Notarzt rufen* *– evtl. Giftnotrufzentrale anrufen*
	*Verschlucken eines Fremdkörpers*	*– Kind an den Beinen mit dem Kopf nach unten halten oder über die Knie legen* *– kräftig auf den Rücken klopfen* *– Notarzt rufen*
	*Verbrennung* *Verbrühung*	*– wenn möglich sofort die Kleidung lösen* *– Körperteil mind. 20 Minuten unter fließendes kaltes Wasser halten* *– Kind beruhigen* *– Wunde mit steriler Kompresse abdecken* *– Klinik aufsuchen*

Wichtige Adressen und Telefonnummern sollten immer greifbar sein!

Vom Säugling zum Kleinkind		35

Notruf bei Vergiftungen

1. Welche Informationen benötigt die Giftnotrufzentrale?

– Adresse und Telefonnummer
– Alter/Gewicht des Kindes
– Was hat das Kind geschluckt?
– Wie viel hat es maximal geschluckt?
– Wann hat es die giftige Substanz geschluckt?
– Welche Symptome hat das Kind?
– Was wurde bereits unternommen?

2. Bei Vergiftungen unterscheiden wir vier Gruppen.
Nenne jeweils Maßnahmen, die du ergreifen kannst.

Gase	schäumende Mittel	ätzende Mittel	Medikamente/Pflanzen
– Raum lüften *– beruhigen* *– atemerleichternde Sitzhaltung*	*– nicht erbrechen lassen* *– Sab-Simplex geben (Hausapotheke!)* *– nichts zu trinken geben* *– Bonbon lutschen lassen* *– atemerleichternde Sitzhaltung*	*– nicht erbrechen lassen* *– Wasser zu trinken geben (Verdünnung)* *– Giftreste sicherstellen*	*– erbrechen lassen* *– Giftreste sicherstellen*

Notarzt: 112
Giftnotruf: (je nach Wohnort unterschiedlich)

Vom Säugling zum Kleinkind		36

Bist du fit?

Löse das Kreuzworträtsel und finde das Lösungswort.

1.			K	R	A	B	B	E	L	N		
2.					S	A	U	G	E	N		
3.						B	A	D	E	N		
4.			B	A	B	Y	B	E	T	T		
5.	B	E	I	K	O	S	T					
6.				S	T	I	L	L	E	N		
7.		B	Ü	R	S	T	E					
8.		K	R	E	A	T	I	V	I	T	Ä	T
9.				L	I	E	B	E				
10.		B	E	I	ß	R	I	N	G			

Lösungswort:

B	A	B	Y	S	I	T	T	E	R

1. Entwicklungsabschnitt eines Babys ab ca. dem 9. Monat
2. angeborener Reflex eines Babys
3. Körperpflege eines Babys
4. gehört zur ersten Kinderzimmerausstattung
5. Nahrung, die zugefüttert wird
6. natürlichste Ernährungsform eines Neugeborenen
7. braucht man zur Babypflege
8. Spielen fördert die ...
9. wichtiges Bedürfnis eines Kindes
10. geeignetes Spielzeug ab dem 3. Monat

Ü=Ü, ß=ß, Ä=Ä

Arbeit an einem Projekt		37

Wir planen ein Projekt

Ein Projekt verläuft in mehreren Phasen. Erläutere diese kurz.

1. Zielsetzung/Vorüberlegungen

– ein Thema finden
– sich mit der Idee auseinandersetzen
– Ziele festlegen
– Projektplan erstellen

2. Durchführung/Aufgabenverteilung

– das Geplante umsetzen
– Material sammeln, auswerten
– Arbeiten einteilen
– Plakate herstellen
– Aktion ankündigen

3. Darstellung/Präsentation

– das Ergebnis darstellen
– Produkt verkaufen
– Arbeit vorführen

4. Überprüfung/Bewertung

– Reflektionsphase
– über die Ergebnisse berichten
– über die Aktion diskutieren

Ein Projekt bedeutet: Selbstorganisation – Selbstverantwortung!

Arbeit an einem Projekt		38

Unser Projekt

1. Was verstehst du unter einem Projekt?

gemeinsame Arbeitsaufgabe für eine Gruppe,

die sich an den Interessen der Schüler orientiert

2. Welche Themen eignen sich für ein Projekt?
Mache Vorschläge!

– Wir stellen ein Produkt her und verkaufen es

– Wir betreiben eine Saftbar auf dem Schulfest

– Wir laden Grundschüler zum Essen ein

– Wir verschenken selbst gebackene Plätzchen

– Kochen wie zu Großmutters Zeiten

– Das gesunde Pausenbrot

– Müllvermeidung beginnt beim Einkauf

3. Wir entscheiden uns für folgendes Projekt:

Jeder von uns übernimmt eine Arbeitsaufgabe und führt diese verantwortungsbewusst aus!

Arbeit an einem Projekt		39

Wir stellen ein Produkt her und verkaufen es

z. B. Marmelade

1. Welche Vorüberlegungen müssen wir anstellen?

– Welche Marmelade kochen wir? (evtl. Obst aus dem eigenen Garten)

– Stückzahl

– Verpackung: Beschaffung, Gestaltung

– Präsentation, Werbung

– Material-/Zutatenbeschaffung

– Materialkosten/Verkaufspreis

– Zeitpunkt, Standort des Verkaufs

– Erstellung eines Prototyps

2. Wir verteilen die Aufgaben:

– Schraubgläser:

– Obst:

– Etikettgestaltung:

– Plakate:

– Werbung:

– Kochen der Marmelade:

– Abfüllen, Etikettieren, Verpacken:

– Verkaufsstand aufbauen:

– Verkaufen:

3. Wir bewerten unseren Verkauf.

– produzierte Stückzahl:

– verkaufte Stückzahl:

– Einnahmen:

– gesamte Ausgaben:

– Reinerlös:

– persönliche Eindrücke vom Projekt:

Jeder muss seine Aufgabe verantwortungsbewusst und termingerecht erledigen!